はっけん いっぱい！

まちのしせつ ②

じどうかん

監修：國學院大學教授　田村 学

はじめに

みんながくらすまちには、どんなしせつがあるかな？

図書かん、じどうかん、電車やえき、バス、公園……。

いろいろなしせつがあるよね。

まちのしせつや、そこではたらいている人は、

まちのみんなの毎日をささえてくれているんだよ。

「なぜ？」「どうやって？」

それをはっけんするために、さあ、まちへ出かけてみよう！

いっしょにたんけんするのは……

まちの
いろいろなしせつに
行ってみよう！

どんな
はっけんが
あるかな？

ハルト　**サクラ**

この本ではこんなふうにたんけんするよ！

> **1回目のたんけん**

↓

ふりかえり・2回目のたんけんのじゅんび

↓

> **2回目のたんけん**

↓

しせつについてわかったことのまとめ

しせつに行くときのちゅうい

1 しせつのルールはかならずまもってね。

2 しせつの人に話を聞くときは、はじめと
おわりに、あいさつをきちんとしよう。

3 パソコンやタブレットをつかうときは、
りょう手でしっかりもとう。

4 パソコンやタブレットは、つかいおわっ
たらきれいにふこう。

もくじ

先生・おうちの方へ

この本は、小学校の生活科で行われるまち探検や、施設見学の事前・事後学習に役立つように、実際に施設を取材してまとめました。

まち探検や施設見学は、子どもたちが公共施設の意義を理解することや、町に暮らす人々への興味を促すことを目的としていますが、その目的をどの子どもたちにも実現できるように、この本はさまざまな工夫をこらしています。

施設の様子を写真やイラストで具体的に見ることができ、見学前後の子どもたちの気づきや発見、話し合いの様子はマンガで楽しむことができます。また、子どもたちが自ら考えるきっかけになるような問いかけが、紙面のいたるところに用意されています。

タブレット等を通すと、紙面から動画へ展開し、映像で施設の特徴をとらえられることも大きなポイントです。

生活科は、自立し、生活を豊かにしていくための力を育成していく教科です。子どもたちが社会に出たときに、何ができるようになるか。生活科での学びを実際の暮らしにいかし、よりよい生活を想像していくことが期待されています。

まち探検や施設見学の学習活動を通して、一人一人の子どもが大きく成長するとともに、夢や希望を抱きつつ、日々の生活を送っていく姿を願っています。

國學院大學教授　田村 学

この本のつかいかた

マークに
注目
してね!

いろいろなへやが
あるね!

どんな人が
いるんだろう?

どんな音が
聞こえる?

ボードゲームが
できるの?

はたらいている人は、
何をしているのかな?

ぼくらの
なかまだよ!

はてな?

はてなしば

「はてな?」って、といかけ
るのがくせ。みんなもいっ
しょに考えてみよう!

ねえねえプードル

ふしぎに思ったことを話
しかけてくるよ。考える
きっかけをくれるんだ。

動画ブル

動画が見られるところに
いつもいるよ。そばにある
QRコードに注目!

▲ QR コード

しせつのようすが
よくわかる!

4

動画を楽しむために

インターネットがつながる ところで見てね！

インターネットをつかうために
りょう金がかかる場合があるので
ちゅういしよう。

音が出てもだいじょうぶか、 まわりをたしかめてね！

動画からは音楽や声がながれるよ。
音が出せない場所で見る場合は、
音が出ないせっていにしてね。

パソコンや
タブレット、
スマートフォンを
じゅんび！

QRコードの読みとりかた

1 本をたいらなところにおく。

明るいところに
おこうね！

2 パソコンやタブレット、スマートフォン
のカメラのマークをタップする。

手はきれいに
あらってから
つかおう！

3 QRコードを読みとってやさしく
タップする。

読みとりにくいときは、
カメラを近づけたり
はなしたりしてみよう。

4 動画の再生ボタンをタップする。

再生ボタン

\まちの/ じどうかんってどんなところ?

みんなは、じどうかんって行ったことあるかな?
どんなところか、ハルトとサクラといっしょに考えてみよう!

まちの じどうかん へようこそ!

じどうかんには、どんなはっけんがあるかな?
びっくりしたこと、ふしぎに思ったことはあるかな?

9

？ いきなり はっけん！

じどうかんで見つけたこと、はっけんしたことをあつめたよ！

このどうぐは何？

このへやは何？

メモを
とっておこう！

体育かんもあるの？

外でもあそべるんだ！

何をするところかな？

動画やしゃしんも
とっておこう！

⚠ しゃしんや動画をとりたいときは、
まずはじどうかんの人にことわろう！

じどうかんの人は何をしているの？

このしゃしんは何？

よ～く、
見てみると……

わかったよ!

よく見たり、つかってみたりしたらわかったことがいっぱいあったよ!

工作ができるんだ!

「そうさくかつどう室」では、工作あそびが楽しめる!

本やまんがをじゆうに読めるんだ!

動画もチェック!

本やまんががならぶ、「学しゅう室」だよ。べんきょうするにもぴったり。

スポーツができる!

動画もチェック!

ボールあそびやフラフープなどができるよ。

あそびどうぐがまだまだいっぱい!

はてな?
あそびどうぐはだれのものなのかな?

友だちと話しているよ！

しゃしんや動画は
近づいたり
はなれたりして
とってみよう！

年れいがちがうけど、
友だちどうし
なんだね！

「休けいスペース」は、
すきなようにつかっ
ていいんだって！

かりられるゲームの
しゃしんがはってあった！

あそびを教えてくれるんだ！

テーブルゲームやボード
ゲームをかりて、あそぶ
子がいっぱいいたよ。

工作のやりかたを
ていねいに教えて
もらったよ！

じどうかんのこと、
もっと知りたく
なっちゃった！

\まちの/ じどうかんのこと、もっと知りたい!

じどうかんの見学から、もどってきたサクラとハルト。
じどうかんのすてきなところを、クラスのみんなにつたえているよ

教えてください！ はたらく人に インタビュー①

じどうかんではたらいている人に、じどうかんのことを聞いてみよう！
まずは、じどうかんのかん長さんに教えてもらったよ！

かん長さん

東京都港区立
麻布子ども中高生プラザ
佐野真一さん

ふむふむ！

動画もチェック！

「こんにちは！」「ひさしぶりだね。」など、かん長さんは、子どもたちにすすんであいさつしていたよ。

Q1 じどうかんって どんなところですか？

A1　じどうかんは、子どもたちが、楽しく、安心してあそべるしせつです。おもに0さいから18さいになるまでの子どもだったら、だれでもじゆうにつかえますよ。

おもちゃや工作、ボールあそびなどのスポーツ、本や図かんなどの読書など、お楽しみがじどうかんにはいっぱいつまっています。

ねえねえ あそびを自分で 考えてもいいのかな？

Q2 「学どうクラブ」とは どうちがうんですか？

A2　学どうクラブは、学校のあと、おうちの人が家に帰ってくるまでの時間に、友だちといっしょにすごしてもらうところです。ほうか後に友だちといっしょにすごすのは、じどうかんと同じです。でも、学どうは、行く日や時間が決まっています。

じどうかんは、行く日や時間はじゆうです。自分できめることができるのが、じどうかんのよいところだと思います。

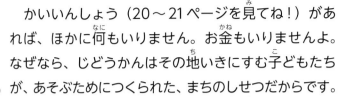 何かひつようなものはありますか？

かいいんしょう（20〜21ページを見てね！）があれば、ほかに何もいりません。お金もいりませんよ。なぜなら、じどうかんはその地いきにすむ子どもたちが、あそぶためにつくられた、まちのしせつだからです。

子どものときにあそんだことが、大人になってからのしゅみにつながることもあります。大げさにいえば、あそびから人生の楽しみが見つかることもあるんですよ。だから、みなさんには、じどうかんでとことんあそんでほしいです。

「子どもにとって、あそぶことは学ぶこと！」とかん長さんは話してくれたよ。

利用するときに気をつけたほうがいいことを教えてください！

じどうかんには、あかちゃんから高校生まで、たくさんの人が来ます。みんながきもちよくすごせるように考えながら、なかよくあそんでください。

あそびどうぐやあそぶ場所などはゆずりあってつかうこと、そうじの時間はみんなでそうじをするなどのルールがあるので、きちんとまもってくださいね。

じどうかんでは、へやごとにいろいろなルールがあるよ。

ほかには
どんなルールが
あるのかな？

つぎは
スタッフの
お話を聞こう！

スタッフさんは、
どんなしごとを
しているんだろう？

教えてください！ はたらく人にインタビュー②

じどうかんでは、子どもたちとあそんだり、あそびを考えたりするスタッフさんがたくさんいるよ。どんなしごとがあるのかな？　お話を聞いてみよう！

スタッフさん

東京都港区立
麻布子ども中高生プラザ
五十嵐 優さん

**Q1 じどうかんでは、
どんなしごとをしていますか？**

A1 　わたしは工作をたん当しているので、子どもたちが楽しめる工作を考えたり、ざいりょうをじゅんびしたりしています。

　そのほかの大事なしごとは、子どもたちを見まもることです。子どもたちがあそんでいるようすをこまめに見て、何かこまっていることがないか、たすけがひつようかどうか、そっと見まもったり声をかけたりしているんですよ。

かん内を回るスタッフさん。子どもたちのようすをさりげなくチェックしているよ。

**Q2 「学校の先生」と、
どこがちがうんですか？**

A2 　じどうかんのスタッフは、学校の先生のようにべんきょうを教えることはありません。子どもたちが楽しい時間をすごせるように、よりそうことを大切にしています。

　だから、チャレンジしたいあそびがあったら気がるに声をかけたり、こまったことがあったらすぐにそうだんしたりしてください。

**はてな？
スタッフさんは
何人くらい
いるんだろう？**

動画もチェック！

Q3 自分たちであそびのアイデアを出してもいいですか？

A3 大かんげいですよ！　わたしたちのじどうかんでは、子どもたちがアイデアを出すあそびイベント「こどもプロジェクト」があるんですよ。自分たちでポスターを書いたり、手つだってくれる人をぼしゅうしたり、みんなとてもがんばっています。

どんなあそび**を**やってみたい？

「こどもプロジェクト」のけいじばん。子どもたちの手作りのお知らせがならんでいる。

Q4 じどうかんにはじめて行くときはどうすればいいですか？

A4 はじめてじどうかんに来るときは、うけつけでスタッフに声をかけてください。とうろくのほうほうやルールを教えますよ。

　じどうかんにいきなりあそびに行くのはちょっときんちょうするなら、まず、じどうかんのイベントに行くのがおすすめです。イベントのついでに、じどうかんのようすをチェックしてもいいかもしれませんね。

とうろくのほうほう、**知りたいな！**

スタッフさんは、はじめて来る子どもがきんちょうしないように、やさしく声をかけているよ。

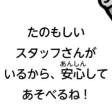

たのもしいスタッフさんがいるから、安心してあそべるね！

じどうかんであそんでみたい！

では、つぎのページを見てね！

じどうかんに行ってみよう!

じどうかんに行ったら、まずはどんなことをするのかな?

じどうかんに行く

うけつけでとうろくする

はじめて来ました!

では、とうろくしてかいいんしょうをつくりましょう!

おうちの近くに、じどうかんはある?

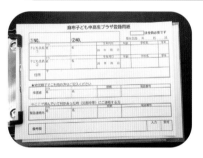

かいいんしょうをつくるときは、名前や住所などを書くよ!

何のためにとうろくするの?

じどうかんのたつ人になるコツ!

じどうかん

明日、行く!

お母さんのばんごうは…

はじめて行くときは、おうちの人に声をかけておこうね。おうちやおうちの人の電話ばんごうが、ひつようなことがあるよ。

かいいんしょうを きかいに 当てる

じどうかんに 来たことを きろくするんだね!

ピッ!

Membership Card

かいいんしょうは、うらにバーコードがついているんだ。

032582

何をするかきめる

そうさく かつどう室で、もこもこマスコットをつくってみたい!

2021年11月18日(木)
きょうのおしらせ

ボードには、その日にできることが書かれているよ!

にもつをたなにしまう

おもなあそび(麻布子ども中高生プラザの場合)

休けいスペース ……… ボードゲーム、DVDかんしょうなど

ゆうぎ室 ……………… テーブルサッカーなど

そうさくかつどう室 ….. 工作など

どんなことができるか、インターネットなどでしらべておいてもいいよ!

体育かん ……………… ボールあそびなど

おくじょう ……………… ローラーブレードなど

学しゅう室 …………… べんきょう、読書など

じどうかんで あそんでみよう!

どんなあそびがしたいか、きまったかな？　さあ、いよいよあそぼう！

前のページの
つづきだよ！

あそびたいへやへ行く

どうぐやざいりょうをえらぶ

へやをつかうときのルールを
読んでおこう！

あそびによって、
へやが
分かれているんだね。

どうぐやざいりょうをつかうときの
ちゅういも読んでね！

どんな
あそびがあり
ますか？

あそびたいことがき
まっていないときは、
スタッフさんにそうだ
んしてみてもいいよ。

あそびどうぐはみんなのものだから、
大切につかってね。

工作をする

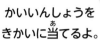
動画もチェック！

うけつけによって帰る

かいいんしょうを
きかいに当てるよ。

ピッ！

はてな？

なぜ、帰るときも
かいいんしょうを
読みとらせるの？

\ できた！ /

できた工作は
もって帰って
いいんだって！

かたづける

はい、じゃあ、
どうぐをもとの
場所にもどそうね！

ありがとう
ございました！

さようなら！

どうぐを出しっぱなしにすると、なくなったり、つぎの人がこまったりするよ。かならず、もとの場所にしまおう。

帰るときも、スタッフさんにきちんとあいさつをしようね。

？ もっと はっけん！

じどうかんのつかいかたがわかったら、もっと知りたくなったよ。
さあ、どんなことが見つかるかな？

見つけただけじゃなく、
考えたことも
メモしておこう！

ボランティアさんって何をするの？

ボランティアさんの活動日
Volunteer's activities Date

おにいさん、
おねえさんは、何をしているの？

かいだんの黒いせんは何？

お知らせがいっぱい！

ランドセルすがたの子がいるね！

これは何だろう？

あかちゃんがあそぶへやもある！

しゃしんや動画は
近づいたり
はなれたりして
とってみよう！

⚠ しゃしんや動画を
とるときは、まず
はじどうかんの人
にことわろう。

わたしが
いろいろ
教えましょう！

知りたいこと、
まだまだ
あるよ！

スタッフさんに聞いてみたよ！

25

もっとわかったよ！

スタッフさんが、じどうかんのすてきなところや、おもしろいところをたくさん教えてくれたよ。

見るところが
いっぱいだ〜！

ほかにどんな
ボランティアが
あるんだろう？

いっしょにあそんでくれるんだ！

ボランティアさん

いっしょにあそんだり、本を読み聞かせたりしてくれるよ！

中学生や高校生もつかえるんだ！

いろいろな年れいの子どもが、あそびを楽しんでいるのよ。

すべりどめだ！

ふみはずしたり、すべったりしないように、くふうしているよ！

地しきのイベントなどのお知らせだ！

動画もチェック！

みんなに読んでもらいたいお知らせをラックに入れているよ。

学どうクラブに来たんだ！

ここのじどうかんでは、学どうクラブもあるんだよ。

▶ 28～29ページも見てね！

じどうかんのイベントのきろくだ！

地いきにすむ人たちといっしょに、おまつりをひらいたよ。

ねぇねぇ
学どうクラブって何をするの？

学どうクラブを見せてもらおう！

学どうクラブってどんなところ？

じどうかんではっけんした、学どうクラブも見学したよ。
学どうクラブでは、どんなふうにすごすのかな？

学どうクラブって何だろう？

学どうクラブは、昼間、おうちに人がいない
子どもたちがすごせる場所だよ。地いきによっ
ては、学校の中にもある場合もあるよ。

学校から
そのまま
じどうかんへ
行くよ！

学校

家

じどうかんから
家に帰るんだ。

じどうかん

どんなことをするの？

あそんだり、べんきょう
したりしているよ。

しゅくだいを
やっているよ！

おやつパワーで、
元気かいふくだね！

おやつタイム
もあるよ♪

本もたくさん
読めるよ！

学どうクラブ室には何があるの？

子どもたちが、楽しくすごせるくふうがあるよ。

ランドセルをしまうたながある！

たな

学どうクラブにかよう子たちのおたん生日をおいわい！

けいじばん

しぜんのかんさつもできるよ！

ベランダ

じどうかんのへやでもあそべるよ！

今日は、フラフープにチャレンジだ！

楽しそうだな～！

「もしも」のときにそなえているよ

みんなの分のぼうさいヘルメット

子ども110番の場所がわかるマップだ！

まちの中でこまったことがあったら、かけこめる家の地図だよ。

\まちに/ じどうかん があるのはどうして?

どうして、まちにはじどうかんがあるんだろう?
どんな人のやくに立っているのかな?

思いっきりあそぶと、
きもちがすっきり
するよ!

あかちゃんづれの
**お父さんやお母さんと、
おしゃべりできるのも
楽しい**んだ。

友だちと
バスケットボールを
するよ。**ボールも
かりられる**
からべんり!

おり紙やお絵かきが
できるよ！

ボランティアさんや
地いきの人たちが、
いろいろなお話を
してくれる！

テスト前に
友だちとあつまって、
**べんきょう
できる**よ！

本がたくさんあるから、
絵本を読みに
よく来るの。

イベントでいっしょになった
子どもとふれあって、
元気をもらっているわ！

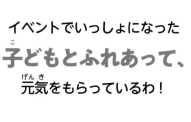

31

\まちの/ じどうかんってこんなところ!

じどうかんに行ってはっけんしたことを、カードにまとめたよ！

カードに
**絵をかいたり、
とったしゃしんを
はったり**しよう！

はっけん！

子どもだけじゃなくて、
まちにすむいろいろな人が、
じどうかんを利用していました。

はっけん！

じどうかんは、いろいろなへやが
あって、それぞれでちがう
あそびを楽しめます。

はっけん！

じどうかんではたらく人は、
子どもたちを見まもったり、
あそぶのを手つだったりしてくれます。

はっけん！

じどうかんに行ったとき、
帰るときはかならずうけつけに
よるルールがありました。

はっけん！

じどうかんには、学どうクラブが
ありました。おうちと同じように、
本を読んだり、しゅくだいをしたり、
あそんだりできるそうです。

はっけん！

ぬりえは１枚ずつ、ぬり終わってから
次のぬりえをとりましょう。
Please finish the picture you are
coloring before taking another one.

ぬりえ

じどうかんのあそびどうぐは、
みんながつかうので、大事に
あつかうことが大切です。

メモしたことやタブレットなどで
**きろくしたことを
見直して**みよう。

まちの じどうかんのこと、まとめよう！

じどうかんの見学で、どんなことをはっけんしたかな？
はっけんしたことをグループのみんなでまとめて、はっぴょうするよ！

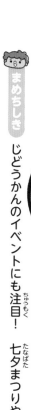

まちの 子どもや家ぞくをささえる しせつ

じどうかんのほかにも、子どもやその家ぞくをささえるしせつはいっぱいあるよ。
たとえば、今回お話を聞いた麻布子ども中高生プラザがある
東京都港区には、どんなしせつがあるかな？

きごうの見かた　●しょざい地　○電話番号

じどうそうだん所

子どもが自分をまもるために、家ぞくが子どもを
まもるために、いろいろなそうだんができるところ。
じどうぎゃくたいなど、子どもが家でかかえるなや
みをかいけつする手つだいもしている。

しゃしんは…港区児童相談所
●東京都港区南青山 5-7-11
○03-5962-6500（平日 8：30〜18：00）
＊児童相談所虐待対応ダイヤル189（うけつけは 24時間）

\ たとえば /
おちついてそうだんできるへやがあるよ！

子ども家ていしえんセンター

子どもや、その家ぞくのなやみごとにこたえ、ア
ドバイスなどをするところ。地いきの人たちとの
こうりゅうイベントをひらくこともある。

しゃしんは…港区立子ども家庭支援センター
（みなとキッズサポートセンター）
●東京都港区南青山 5-7-11
○03-5962-7201（平日 8：30〜17：00）
＊まちによってはしせつの名前がちがう場合があるよ。

\ たとえば /
地いきの子どもや、子どもがいる家ぞくむけに
イベントをかいさいしているよ！

子ども食堂

地いきの人が、子どものための食事を、むりょうか、安く用意してくれる。子どもたちみんなで食べたり、しゅくだいをしたりしてすごせるところ。

しゃしんは…NPO法人みなと子ども食堂
＊場所やよやくほうほうは「みなと子ども食堂」のホームページでかくにんしてね。https://minatokodomoshokudo.org

\ たとえば /
こまっている子どもを食事でサポート！

子育てひろば

小学校に入学する前の子どもと家ぞくがいっしょにあそんだり、子育てについて、せんもん家にそうだんしたりできるところ。

しゃしんは…子育てひろば「あい・ぽーと」
●東京都港区南青山 2-25-1
○03-5786-3250（平日、土曜 10：00〜16：30）

\ たとえば /
子どもと大人がいっしょにあそべるスペースがある！

監修 田村 学（たむら まなぶ）

（國學院大學人間開発学部初等教育学科教授）

新潟県出身。新潟大学教育学部卒業。文部科学省初等中等教育局視学官などを経て、現職に。日本生活科・総合的学習教育学会副会長。文部科学省視学委員。生活科教科書（東京書籍）監修をつとめる。専門は、教科教育学（生活・総合的な学習の時間）、教育方法学、カリキュラム論。主な著書に『川のこえをきこう いのちを育てる総合学習』（童心社）や、『考えるってこういうことか！「思考ツール」の授業』（小学館）などがある。

撮影	渡邊春信
キャラクターイラスト	まつむらあきひろ
イラスト	上垣厚子
モデル	高橋零奈、四葉
デザイン	chocolate.
動画撮影・編集	chocolate.
編 集	西野 泉、原 かおり、小園まさみ
編集協力	工藤亜沙子、やまおかゆか
校 正	文字工房燦光
取材協力	港区立麻布子ども中高生プラザ

＊この本のイラストは、じっさいのしせつのようすとちがう場合があります。

＊この本でしょうかいしたしせつのじょうほうは、2022年3月のものです。

＊しゃしんや動画に登場するスタッフのみなさんには、さつえいのときだけマスクを外してもらいました。

＊この本のしゃしんにうつっている子どもは、さつえいのためのモデルです。

＊この本のQRコードから見られる動画は、お知らせなくないようをかえたり、サービスをおえたりすることがあります。

はっけん いっぱい! まちのしせつ❷ じどうかん

発 行	2022年4月 第1刷
監 修	田村 学（國學院大學人間開発学部初等教育学科教授）
発行者	千葉 均
編 集	片岡陽子
発行所	株式会社ポプラ社
	〒102-8519 東京都千代田区麹町4-2-6
	ホームページ www.poplar.co.jp（ポプラ社）
	kodomottolab.poplar.co.jp（こどもっとラボ）
印刷・製本	今井印刷株式会社

ISBN978-4-591-17290-2 N.D.C.375 39p 27cm Printed in Japan

©POPLAR Publishing Co., Ltd. 2022

P7231002

あそびをもっと、
まなびをもっと。

こどもっとラボ

はっけん いっぱい！ まちのしせつ

全5巻（ぜんかん）

小学校低学年〜中学年向き
各39ページ　N.D.C.375
AB判　オールカラー

図書館用特別堅牢製本図書

じどうかんマップをかいたよ!

じどうかんではたらく人がいたよ!

いろんな工作がつくれるへやなんだ!

ぼくがかいたよ!

そうさくかつどう室

音楽室

じむ室

うけつけ

出入り口

体育かん

ボールあそびやスポーツをするところ!